TENUE DES LIVRES

EN PARTIE DOUBLE ET SIMPLE

APPRISE SANS MAITRE

NOUVELLE MÉTHODE PERFECTIONNÉE AU MOYEN DE
LAQUELLE LES ÉCRITURES SONT TRÈS-ABRÉGÉES,
METTANT JOURNELLEMENT SOUS LES YEUX
DU COMMERÇANT LE TABLEAU EXACT DE SA
MAISON, ET PERMETTANT DE FAIRE LA
BALANCE EN UN **DIXIEME** DU
TEMPS QU'EXIGE TOUT AUTRE
SYSTÈME, ETC., ETC.

NOUVELLE ÉDITION AUGMENTÉE

Par J. PREVOSTINI,

Professeur de comptabilité commerciale.

PRIX : **40** CENT.

PARIS

NAULD DE VRESSE, RUE DE RIVOLI

MANUEL

DU

COMMERÇANT

SUIVI DU

PROMPT COMPTEUR

DES INTÉRÊTS

Pour toutes les Sommes, tous les Taux et
toutes les Échéances

REVU ET AUGMENTÉ

PAR DESLOGES

PARIS

ARNAULD DE VRESSE, 55, RUE DE RIVOLI

1867

TENUE DE LIVRES SIMPLIFIÉE.

Tout commerçant qui désire tenir régulièrement ses écritures est pourvu d'un Livre de Caisse, modèle **A**, et d'un Carnet d'Echéances, modèle **D** ; sur ce dernier il porte, par ordre d'échéance, ses effets à payer et ses effets à recevoir, pour pouvoir, à tout moment et d'un seul coup d'œil, se mettre en mesure pour les payements qu'il doit faire comme pour exécuter les rentrées dans les temps voulus.

Si ses opérations commerciales s'étendent à des marchandises de plusieurs espèces, il tient aussi un Livre de Magasin, dans lequel chaque marchandise a un compte spécial, et où figurent toutes les entrées et toutes les sorties, en nombre et en quantité, modèle **B**.

Un registre, appelé dans la partie simple Grand-Livre, et qui n'est par le fait qu'un livre de comptes-courants, est indispensable pour être en état de présenter à tout moment et d'une manière exacte les factures au personne auxquelies nous avons fourni des marchandises et qui ne les ont pas payées immédia-

tement, ou qui nous out remis des à-comptes en espèces ou fourni en d'autres marchandises, modèle C.

Comme la basse de la Tenue des Livres consiste dans
les six comptes principaux :

Caisse,

Marchandises générales.

Effets à recevoir,

Effets à payer,

Devoirs ou Créanciers et Débiteurs,

Profits et pertes,

et que toutes espèce d'opération commerciale revient à
l'un de ces six comptes, le commerçant peut abréger
de beaucoup ses écritures et avoir constamment un tableau exact de ses affaires, au moyen du Journal-
Grand-Livre, modèle E. Mais dans ce cas, le Carnet
d'Echéances, le Livre de Magasin et le Livre des
Comptes-Courants deviennent indispensables, car, au
moment d'une balance, on trouve facilement l'actif en
examinant les fonds qui se trouvent dans la caisse, les
effets qui sont en portefeuille au moyen du Carnet d'E-
chéances, les marchandises qui restent en magasin,
en arrêtant les comptes du livre de Magasin, et les débiteurs en arrêtant les comptes du livre des Comptes-
Courants. On trouve également le passif en résumant
les effets à payer souscrits et qui nous sont indiqués
par le Carnet d'Echéances. et les créditeurs par le livre
des Comptes-Courants. La différence entre le Doit et
l'Avoir du compte des marchandises générales établit

un profit ou une perte; profit si !l'excédant est à l'A-
voir; perte, s'il est au Doit.

Le Brouillard, qui a servi pour la tenue de Livres en
partie simple, ayant été suivi pour la partie double et
pour le Journal-Grand-Livre, il sera facile de compa-
rer les trois systèmes différents, et de se convaincre
que ce dernier est préférable pour la facilité avec laquelle on peut retrouver les erreurs qui pourraient
s'être glisséea dans les écritures.

MODÈLE DE BILLET A ORDRE.

Le deux janvier 1866, j'ai acheté de M. Delorme
pour, 7,560 fr. de marchandises payables dans trois
mois ; je lui remets en payement le billet suivant de
pareille somme.

B. P. F. 7,560.

Au deux avril prochain, je payerai à l'ordre de M. Delorme, la somme de sept mille cinq cent soixante francs,
valeur reçue en marchandises.

Paris, le 2 janvier 1866.

PREVOSTINI.
39, rue Saint-André-des-Arts.

Ce billet, qu'on appelle billet à ordre, est souscrit et
signé par moi ; je suis le souscripteur : il est fait au
bénéfice de Delorme. Delorme est le bénéficiaire. Je
payerai ce billet le deux avril, c'est l'échéance.

TROISIÈME PARTIE.

APPLICATION PRATIQUE.

BROUILLARD OU MÉMORIAL
Commencé le 1er Janvier 18

1er janvier.

Versé en caisse la valeur de mon capital. . . . 45,000 »
Effet Loran, à m/o/ du 15 décembre au 25 janvier. . . . . 1,500 »

2 dito.

Acheté de Delorme :
20 pièces de drap bleu, ensemble 360 mètres, à fr.
  21, que je lui ai payé en m/ billet à s/ or/, de ce
  jour au 30 janvier. . . . . 7,560 »

5 dito.

Acheté de Belli, au comptant :
14 pièces de vin à fr. 110 . . . . 1,540 »

7 janvier.

Vendu à Dumont :

7 pièces de drap bleu, 126 mèt. à 23 f.50 c. le
mètre. . . . . 2,961 »

Reçu son billet à m/ or/, de ce jour au 10 février

Dito.

Vendu à Barillot, au comptant :

14 pièces de vin à 120 francs. . . . . 1,680 »

Dito.

Acheté à 2 1/2 p. 0/0 d'escompte un billet de Desnoyers, ordre Tourly, du 2 janvier au 1ᵉʳ mars,
de fr. 2,500, compté en espèces. 2,437 50

Escompte déduit 62 50

8 dito.

Compté à Wagner à titre de prêt qu'il promet
me rendre sous huitaine. . . . . 1,200 »

Dito.

Acheté de Salmon, moitié comptant et moitié
avec m/ billet à s/ o/, de ce jour au 30 janvier, de 1,266 fr.

24 pièces de vin à fr. 105 50. . . . . 2 532 »

Dito.

Vendu à Barillot :

12 pièces de vin à fr. 115 75. . . . . 1,389 »

Reçu son b/ à m/ o/, de ce jour au 15 fév.

10 janvier.

Acheté de Fournier :

8 pièces de drap noir, ensemble 168 mètres à
fr. 25. . . . . 4,200 »
Que je promets lui payer en m/ b/ à s/ o/.

11 dito.

Payé à Fournier, comptant. . . . . 600 »
Fourni b/ Loran, du 15 décembre au 25 jan-
vier. . . . . 1,500 »
Mon b/ à s/ o/, de ce jour au 10 février. . . . 2,100 »

13 dito.

Vendu à Simon, au comptant :

6 pièces de vin à fr. 121. . . . . 726 »

14 dito.

Vendu à Desnoyers :

5 pièces de drap, ensemble 105 mètres à fr. 28 2,940 »

15 dito.

Vendu à Tourly, au comptant :

3 pièces de drap, ensemble 63 mètres, à fr.
27 25. . . . . 1,716 75

16 dito.

Reçu de Wagner les 1,200 fr. que je lui avais
prêtés le 8 courant. . . . . 1,200 »

Dito.

Vendu à Lafolie, à 1 1/2 p. 0/0 d'escompte,
billet Dumont du 7 janvier au 10 février, de
fr. 2,961. . . . . 2,916 59

Partie simple.

JOURNAL.

Folio 1.

1er *janvier* 18

1	Avoir Delorme,	fr. 7,560		
	Pour 20 pièces de drap bleu portant ensemble 360 mètres à fr. 21, payés en mon billet.		7,560	
	Dito.			
1	Doit Delorme,	fr. 2,560		
	Pour m/ b/t à s/ or/, de ce jour au 30 janvier.		7,560	
	Dito.			
2	Doit Dumont,	fr. 2,961		
	Pour vente de 7 pièces de drap bleu portant 126 mètres, à fr. 23 50, qu'il m'a payé en son billet.		2,961	
	Dito.			
2	Avoir Dumont,	fr. 2,961		
	Pour s/ b/ à m/ o/, de ce jour au 10 février		2,961	
	Dito.			
3	Doit Wagner,	fr. 1,200		
	Pour autant compté à titre de prêt. . .		1,200	
	Dito.			
4	Avoir Salmon,	fr. 2,532		

	Pour 24 pièces de vin à fr. 105 50, payées 1/2 comptant et 1/2 m/ billet à son ordre.			2,532
	Dito.			
4	Doit SALMON,	fr. 2,532		
	Pour comptant		1,266	
	Pour m/ b/t à s/ or/ au 30 janvier.		1,266	2,532
	9 *dito.*			
5	Doit BARILLOT,	fr. 1,389		
	Pour 12 pièces de vin à fr. 115 75, payées avec s/ b/t à m/ or/. . . .			1,389
	Dito.			
5	Avoir BARILLOT,	fr. 1,389		
	Son b/t à m/ or/, de ce jour au 15 juin.			1,389
	10 *dito.*			
6	Avoir FOURNIER,	fr. 4,200		
	Pour 8 pièces de drap noir portant 168 mètres à fr. 25, payables en mon billet.			4,200
	11 *dito.*			
6	Doit FOURNIER,	fr. 4,200		
	Pour comptant		600	
	Pour billet Loran du 15 décembre au 25 janvier.		1,500	
	Pour un billet à s/ or/ de ce jour au 10 février.		2,100	4,200

	13 janvier 1860				
7	DOIT DESNOYERS, fr. 2,940				
	Pour 5 pièces de drap portant 105 mètres à fr. 28.				2,940
	16 dito.				
8	AVOIR WAGNER, fr. 1,200				
(*)	Pour autant reçu en espèces. . . .				1,200

Les exemples qu'on vient de donner pourront suffire pour faire comprendre de quelle manière on transporte les articles du brouillard au journal, et quelles sont les parties qui, sans passer au journal, passent directement à la caisse, au livre d'effets à payer ou d'effets à recevoir, ou autres auxiliaires. (V. page 32.)

Il est à observer que, pour se rendre un compte exact des profits et des pertes, tenant des livres en partie simple, le seul moyen est de passer en revue toutes les parties du brouillard, ce qui demande une grande perte de temps et beaucoup plus d'application que dans la partie double.

(*) Ces chiffres servent de renvoi et correspondent à ceux de la même coloune au grand-livre.

Partie

Doit. GRAND-

	18			
			DE	
1	Janvier 2.	Mon billet à s/o au 30 janvier, . . .	7,560	»
			DU	
2	Janvier 7.	7 pièces de drap, mètres 126, à f. 23 50.	2,961	»
			WA	
3	Janvier 8.	Somme prêtée	1,200	»
			SAL	
4	Janvier 8.	Comptant.	1,266	»
		Mon billet à s/o au 30 janvier. . .	1,266	»
			2,532	»
			BA	
5	Janvier 9.	12 pièces de vin à fr. 115 75. . . .	1,389	»
			FOUR	
6	Janvier 11.	Comptant.	600	»
		Billet Loran au 25 janvier. . . .	1,500	»
		Mon billet à s/o au 10 février. . .	2,100	»
			4,200	»
			DES	
7	Janvier 13.	5 pièces de drap, mètres 105, à fr. 28.	2,940	»

simple.

LIVRE. **Avoir.**

LORME.	18				
Janvier 1.	20 pièces de drap, m. 360 à fr. 21. . .	7,560	»	1
MONT.					
Janvier 7.	Son billet à m/o au 10 février. . .	2,961	»	2
GNER.					
Janvier 10.	Reçu en espèces.	1,200	»	3
MON.					
Janvier 8.	24 pièces de vin à fr. 105 50. . . .	2,532	»	4
		2,532	»	
RILLOT.					
Janvier 9.	Son billet à m/o au 15 février. . . .	1,389	»	5
NIER.					
Janvier 10.	8 pièces de drap, m. 168 à fr. 25. . .	4,200	»	6
		4,200	»	
NOYERS.					
				7

Partie double.

JOURNAL.

Folio 1er.

1er janvier 18

1	Divers à Capital,	fr. 46,500.		
2	Caisse, espèces versées en caisse. . .		45,000	
3	Eff. a Recev. Eff. Loran à m/o du 15			
	décembre au 25 janvier.		1,500	46,500
	2 dito.			
4	March. Gén. a Delorme,	7,560		
7	Pour 20 pièces de drap bleu portant 360			
	mètres, à fr. 21.			7,560
	Dito.			
	Delorme a Eff. a Payer,	fr. 7,560		
5	Pour un billet à s/o de ce jour au 30 jan-			
	vier, en payement de 20 pièces de			
	drap.			7,560
	5 dito.			
4	March. Gén. a Caisse,	fr. 1,540		
2	Pour 14 pièces de vin à fr. 110. . . .			1,540
	7 dito.			
8	Dumont a march. Gén.,	fr. 2,961		
1	Pour 7 pièces de drap bleu portant 126			
	mètres, à fr. 23 50.			2,961
	7 dito.			
3	Eff. a rec. a Dumont,	f. 2,961		
8	Pour s/ billet à m/o/, de ce jour au 10			
	février			2,961
	7 dito.			
9	Barillot a March. Gén.,	fr. 1,680		
4	Pour 14 pièces de vin à	fr. 120		1,680
	Dito.			
2	Caisse a Barillot,	fr. 1,680		
9	Pour son payement en espèces. . . .			1,680
	A reporter.			72,442

7 janvier.

	D'autre part. . .			72,442
3	EFF. A REC. A DIVERS, fr. 2,500			
—	Pour escompte d'un b/ de Desnoyer, o/ Tourly, du 7 janvier au 1ᵉʳ mars. .			
2	A CAISSE, payé.	2,437	50	
6	A PROFITS ET PERTES, déduit l'escompte de 1 1/2 p. 0/0.	62	50	2,500
	8 dito.			
10	WAGNER A CAISSE, fr. 1,200			
2	Compté à titre de prêt.			1,200
	Dito.			
4	MARCH. GÉN. A SALMON, fr. 2,532			
11	Pour 24 pièces de vin à 105 50. . .			2,532
	Dito.			
11	SALMON A DIVERS, fr. 2,532			
2	A CAISSE pour espèces payées. . . .	1,266		
3	A EFF. A PAYER pour m/bt à s/o/ de ce jour au 30 janvier.	1,266		2,532
	9 dito.			
9	BARILLOT A MARCH. GÉN. fr. 1,389			
4	Pour 12 pièces de vin à fr. 115 75			1,389
	Dito.			
3	EFF. A REC. A BARILLOT, fr. 1,389.			
9	Son billet à mon ordre de ce jour au 15 février. . . . . . , ...			1,389
	10 dito.			
4	MARCH. GÉN. A FOURNIER, fr. 4,200			
12	Pour 8 pièces de drap noir portant 168 mètres, à fr. 25.			4,200
	11 dito.			
12	FOURNIER A DIVERS, fr. 4,200			
2	A CAISSE, pour comptant.	600		
3	A EFF. A REC., fourni b/ Loran du 15 décembre au 25 janvier.	1,500		
5	A EFF. A PAYER, m/bt à s/ o/ de ce jour au 10 février. .	2,100		4,200
	A reporter. . .			92,384

13 janvier.

	D'autre part. . . .			92,384
2/4	Caisse a March. Gén. fr. 726 Pour 6 pièces de vin à fr. 121, vendues au comptant			726
	14 dito.			
13/4	Desnoyers a March. Gén. fr. 2,940 Pour 5 pièces de drap portant 105 mètres à fr. 28.			2,940
	15 dito.			
2/4	Caisse a March. Gén. fr. 1,716 75 Pour 3 pièces de drap portant 63 mètres, à fr. 27 25.			1,716	75
	16 dito.			
2/10	Caisse a Wagner, fr. 1,200 Pour ce que je lui avais prêté. . . .			1,200
	Dito.			
3	Divers a Eff. a Recev., fr. 2,961			
2	Caisse pour comptant reçu.	2,916	59	
6	Profits et Pertes, pour perte sur le billet Dumont du 7 janvier au 10 février escompté à 1 1/2 p. 0/0. . .	44	41	2,961
	Dito.			
4	Marchand. Générales a Profits et Pertes. fr. 1,127 75			
6	Pour bénéfices faits sur la vente des marchandises.			1,127	75
	Dito.			
6	Profits et Pertes a Capital, fr. 1,145 84			
1	Pour solde du compte des profits et pertes			1,145	84
14	Balance de Sortie a Divers, fr. 58,571 84			
2	A Caisse, p. cᵉ qu'elle contient. . .	46,195	84	
	A reporter. . . .			104,201	34

	16 janvier.			
	D'autre part. . . .		104,201	34
3	A Effets a Recevoir, pour			
	B. Desnoyers, au 1er mars, fr. 2,500			
	B. Barillot, au 15 février, 1,389	3,889		
4	A March. Génér., pour 13 pièces de			
	drap, 234 m. à 21 fr. 4,914			
	6 p. vin, à fr. 105 50, 633	5,547		
13	A Desnoyers p/ solde de s/ compte. . .	2,940	58,571	84
	Dito.			
14	Divers a Balance de Sortie,			
	fr. 58,571 84			
1	Capital, pour solde	47,645	84	
5	Effets a Payer, mon billet ordre			
(*)	Delorme, fr. 7,560			
	M/b. o/ Salmon. 1,266			
	M/b. o/ Fournier. 2,100	10,926	58,571	84
	Total. . . .		221,345	02

Répertoire du Grand-Livre.

Capital.	1	Dumont.	8
Caisse.	2	Barillot.	9
Effets à recevoir. . .	3	Wagner.	10
Marchandises Générales.	4	Salmon.	11
Effets à Payer. . .	5	Fournier.	12
Profits et Pertes. . .	6	Desnoyers.	13
Delorme.	7	Balance de sortie. . .	14

(*) Ces chiffres servent de renvoi et correspondent à ceux de la même colonne au Grand-Livre.

Doit. **Partie**

GRAND-

	Date	Libellé	(1)	(2)	Francs	c.
CAPITAL						
1	18 Janvier 16	A balance de sortie	4	14	47,045	84
					47,045	84
CAISSE						
2	Janvier 1	A capital	1	1	45,000	»
	— 7	A Barillot		9	1,680	»
	— 13	A march. gén.		4	726	»
	— 15	A march. gén.		4	1,716	75
	— 16	A Wagner		10	1,200	»
	— »	A Eff. à rec.	3	3	2,916	59
					53,239	34
EFFETS A RECEVOIR						
3	Janvier 1	A capital, b. Loran, au 25 janvier	1	1	1,500	»
	— 7	A Dumont, s/b au 10 février .	1	8	2,911	»
	— »	A caisse, billet Desnoyers, au 1er mars	1	2	2,437	50
	— »	A prof. et pertes, escomptes du 1 1/2	1	6	62	50
	— 9	A Barillot, s/b au 15 février .	2	9	1,389	»
					8,350	00

(1) Folio du Journal. — (2) Numéro du Grand-Livre.

double.

LIVRE. **Avoir.**

	Date	Libellé	(1)	(2)	Francs	c.	
CAPITAL							
	18 Janvier 1	Par caisse, espèces	1	2	45,000	»	1
	— »	Par effets à recev. b. Loran .	1	3	1,500	»	
	— 16	Par prof. et pertes	3	6	1,145	84	
					47,045	84	
CAISSE							
	Janvier 5	Par march. gén.	1	4	1,540	»	2
	— 7	Par effets à rec.	2	5	2,437	50	
	— 8	Par Wagner	2	10	1,200	»	
	— »	Par Salmon	2	11	1,266	»	
	— 11	Par Fournier	2	12	600	»	
	— 16	Par bal. de sortie	4	14	46,195	34	
					53,239	84	
EFFETS A RECEVOIR							
	Janvier 11	Par Fournier, b. Loran . . .	3	12	1,500	»	3
	— 16	Par cais. esc. b. Dumont . .	3	2	2,916	59	
	— »	Par profits et pertes, perte 1 1/2 .			44	41	
	— 17	Par bal. de sortie	3	6	3,889	»	
			4	14			
					8,350	00	

Doit

MARCHANDISES [GÉNÉRALES]

18

				Doit	
Janvier	2	A Delorme, 20 pièces drap, 360 mètres.	1	7	7,560	»
—	5	A caisse, 14 p. vin.	1	2	1,540	»
—	8	A Salmon, 24 p. vin.	2	11	2,532	»
—	10	A Fournier, 8 p. drap.	2	12	4,200	»
—	16	A prof. et pertes.	3	6	1,127	75
					16,959	75

EFFETS A [PAYER]

Janvier	16	A balance de sortie.	4	14	10,926	»
					10,926	»

PROFITS [ET PERTES]

Janvier	16	A effets à recevoir	3	3	44	41
—	16	A capital.	3	1	1,145	84
					1,190	25

DE [LORME]

Janvier	2	A eff. à payer.	1	5	7,560	»

DU [MONT]

Janvier	7	A march. gén.	1	4	2,961	»

Avoir

[MARCHANDISES] GÉNÉRALES.

18

Janvier	7	Par Dumont, 7 p. drap, 126 mètr.	1	8	2,961	»
—	»	Par Barillot, 14 p. vin à fr. 120.	1	9	1,680	»
—	8	Par dito, 12 p vin à fr. 115 75 c.	2	9	1,389	»
—	13	Par caisse, 6 p. vin.	3	2	726	»
—	14	Par Desnoyers, 5 p. drap.	3	13	2,940	»
—	15	Par caisse, 3 p. drap.	3	2	1,710	75
—	16	Par bal. de sortie.	4	14	5,547	»
					16,959	75

[EFFETS A] PAYER.

Janvier	2	Par Delorme, m/b au 30 janvier.	1	7	7,560	»
—	8	Par Salmon, m/b. au 30 janvier.	2	11	1,266	»
—	11	Par Fournier, n/b. au 10 février.	2	12	2,100	»
					10,926	»

[PROFITS] ET PERTES.

Janvier	7	Par eff. à rec.	1	5	62	50
—	16	Par march. gén	3	4	1,127	75
					1,190	25

[DE] LORME.

Janvier	2	Par march. gén	1	4	7,560	»

[DU] MONT.

Janvier	7	Par eff. à rec.	1	3	2,961	»

Doit

BA

9	18					
	Janvier 7	A march. gén. 14 p. vin. . . .	1	4	1,680	»
	— 9	A dito 12 dito. . .	2	4	1,389	»
					3,069	»

WA

10	Janvier 8	A caisse	2	2	1,200	»

SAL

11	Janvier 8	A caisse	»	»	1,266	»
	— »	A eff. à payer, ...	3	5	1,266	»
					2,532	»

FOUR

12	Janvier 11	A caisse	2	2	600	»
	— »	A eff. à rec.	2	3	1,500	»
	— »	A eff. a payer. . . .	2	5	2,100	»
					4,200	»

DES

13	Janvier 14	A march. gén.	3	4	2,940	»

BALANCE DE

14	Janvier 16	A caisse	4	2	46,195	84
		A eff. à rec.	»	3	3,889	»
		A march. gén.	»	4	5,547	»
		A Desnoyers	»	13	2,940	»
					58,571	84

Avoir

RILLOT.

18						9
Janvier 7	Par caisse.	1	2	1,680	»	
— 9	Par eff. à rec, s/b.let . .	2	3	1,389	»	
				3,069	»	

GNER.

Janvier 10	Par caisse.	1	2	1,200	»	10

MON.

Janvier 8	Par march. gén	2	4	2,535	»	11
				2,532	»	

NIER.

Janvier 10	Par march. gén	2	4	4,200	»	12
				4,200	»	

NOYERS.

Janvier 16	Par bal. de sortie.	4	14	2,940	»	13

SORTIE.

Janvier 16	Par capital.	4	1	47,645	84	14
	Par eff. à payer.	»	5	10,926	»	
				58,571	84	

DES LIVRES AUXILIAIRES.

Nous l'avons dit, page 34, la base de la tenue des livres consiste en sept comptes principaux, à savoir :

Capital.

Caisse.

Livre de magasin.

Effets à payer.

Effets à recevoir.

Profits et pertes.

Comptes particuliers.

Tous ces comptes paraissent dans le brouillard, le journal et le grand-livre ; mais ils sont en outre détaillés dans des livres particuliers, selon les besoins et selon le genre d'industrie auquel on se livre, ces registres subsidiaires ont reçu le nom de registres auxiliaires, qu'il importe de connaître, et dont nous allons donner les spécimens les plus applicables.

A. D'après les principes émis plus haut, le brouillard et le livre de caisse ne devraient, suivant nous, faire l'objet que d'un seul livre.

Mais dans le cas, où notre méthode ne serait pas adoptée, nous donnons ci-contre un exemple d'un livre de caisse tel qu'il est d'usage de le tenir.

LIVRE DE CAISSE

A.

Commencé le 1ᵉʳ Janvier 18 .

Janvier	1	En caisse, billets de banque	38,000	»	Janvier	5	Acheté à Bully 14 p. de vin	1,540	x
		En numéraire. .	7,000	»		9	Acheté à Fournier 14 pièces		
	7	Vendu à Baridot 14 p vin.	1,680	»			drap	4,200	»
	13	Vendu à Simon 6 pièces de				23	Acheté de Fournier 8 pièc.		
		vin à fr 121	726	»			drap.	7,560	x
	20	Vendu à Tourly 3 pièces				31	Frais généraux et ménage.	551	»
		drap à fr. 27 25	1,716	75			Reste en caisse, balance.	35,271	75
			49,122	75				49,122	75
Février	1	En caisse.	35,271	75	Février	4	Payé pʳ assur. de maison	42	»
	10	Encaiss. du billet Bernard	290	50		17	A Bourlet achat de cochen.	11,915	85
	13	D° d° Pointel.	6,000	»		22	A Bunel pour solde de m/b	1,344	»
	15	D° d° Gauthier	4,349	80		31	Frais généraux et ménage.	726	75
							Reste en caisse, balance.	31,923	45
			45,912	05				45,912	05

B. Le livre do magasin sert à l'enregistrement des
on fait le commerce, il se compose du relevé fait sur
gros, sortent quelquefois en détail, la partie droite de
grand développement.

LIVRE DE

Entrée.

DRAP

18 Janvier	7	Acheté 20 pièces.	M. 360	21	»
			M. 361		

DR

Janvier	10	Acheté 8 pièces. . . .	M. 168	25	»
			M. 168		

VIN DE

Janvier	5	Acheté 14 pièces.	P. 14	110	»
—	8	Acheté 24 pièces. .	P. 24	105	50
			P. 38		

entrées et des sorties des marchandises diverses dont
le brouillard. Comme les marchandises entrées en
ce livre qui contient les sorties, offre toujours un plus

Modèle **B.**

MAGASIN.

Sortie.

BLEU.

18 Janvier	7	Vendu 7 pièces.	M. 126	23	50
—	16	Reste en magasin, 13 pièc.. . .	M. 234	21	»
			M. 360		

NOIR.

Janvier	14	Vendu 5 pièces.	M. 105	28	»
—	15	Vendu 3 pièces.	M. 63	27	25
			M. 168		

MACON.

Janvier	5	Vendu 14 pièces.	P. 14	120	»
—	9	Vendu 12 pièces.	P. 12	115	75
..	13	Vendu 6 pièces.	P. 6	121	»
..	16	Reste en magasin	P. 6	105	50
			P. 38		

C. Le livre de comptes courants donne à tout mo-
sonnes auxquelles on a fourni des marchandises, et
que des à-compte

COMPTES

DOIT. **CAPI**

f. 1

WAGNER

| 2 | Janv. | 8 | Prêté en espèces. . . . . . . | 1,200 | » |

DESNOYERS

| 3 | Janv. | 14 | 5 pièces de drap noir, 105 mètres à 28 fr. | 2,040 | » |

ment, le moyen de présenter les factures, aux per-
qui ne les ont pas payées comptant, ou qui n'ont donné

Modèle **C.**

COURANTS.

TAL. **AVOIR.**

18

Janv.	1	Montant de mon actif en espèces. . .	45,000	»	1
		» en effets en portefeuille. . .	1,500	»	
—	17	Profits d'après balance	1,115	81	
			47,615	81	

DE PARIS.

| Janv. | 15 | Reçu le montant de mon prêt. . . . | 1,200 | » | 2 |

DE PARIS.

3

D. Le carnet d'échéances ou l'échéancier est le date de ses affaires à payer et à recevoir, de manière portante de la comptabilité. Les billets, mandats, payer ou à recevoir, doivent y figurer.

CARNET D'

EFFETS A RECEVOIR.

DATE DE L'ENTRÉE.	N° D'ORDRE.	DÉSIGNATION des EFFETS.	ÉCHÉANCE.	MODE de SORTIE.	SOMMES.
					JAN
18					
Janv.1.	1	Eff. Loran m/o. . . .	25	Négocié.	1,500 00
					FÉV
Janv.?.	2	Eff. Dumont m/o.	10	Négocié.	2,961 00
— 9.	4	Eff. Barillot m/o.	15		1,389 00
					MA
Janv.7.	3	Eff. Desnoyers o/Tourly. . . .	1ᵉʳ		2,500 00

livre à l'aide duquel on connaît à tout moment la à être continuellement au courant de cette partie imlettres de change, promesses verbales, factures à

Modèle **D.**

ÉCHÉANCES.

EFFETS A PAYER.

DATE DE LA SOUSCRIPTION.	N° D'ORDRE.	DÉSIGNATION des EFFETS.	ÉCHÉANCE.	MODE de RENTRÉE.	SOMMES.
VIER.					
18					
Janv. 2	1	M/ eff. o/Delorme	30		7,500 00
— 5	2	M/ eff. o/Salmon.	30		1,200 00
RIER.					
Janv.11	3	M/ eff. o/ Fournier. . . .	10		2,100 00
RS.					

E. Le compte courant portant intérêt est un registre donne un spécimen complet. Pour le compléter, nous don- de l'escompte, depuis 50 centimes, jusqu'à 1, 2, 3, 4, 5, 6 100,000 francs. (Voir tableau F.)

COMPTE COURANT

On appelle ainsi le résultat des valeurs que deux négociants ont reçues ou fournies l'un pour 6 p. 0/0. Cet intérêt se compte par jour et pour chaque somme : il court depuis le jour de la Il y a diverses manières de dresser un compte courant et d'en calculer l'intérêt. Celle dont

DOIT.   M. DELORME, de Montpellier, son compte courant et d'intérêts à

(1) 18..		(2) fr.	c.		(3)		(4)	(5)	(6) fr.	c.
Janv.	1	4,25?	20	Solde en ma faveur du précéd., comp. val. du	31	Déc. 1855.	181	30 1/6	37	71
—	20	2,000	"	Payé pour son compte à M. Jacotot, le	18	Janv 1856.	104	27 2/6	54	67
Févr.	4	4,400	"	Reçu pour notre compte de M. Albertin, le . . .	1	Février.	150	25	110	"
Mars	16	2,7(0)	80	Reçu p. c/o. de M. Israël, le	12	Mars.	110	48 2/6	49	70
Avril.	2	6,2?	"	Payé p. s/c. à M. Blanchard, le	31	—	91	15 1/6	94	8
—	23	1,5?	"	Montant de ma remise sur Marseille, au . .	29	Avril.	62	10 2/6	20	"
Mai.	10	3,5?	"	Pour mon envoi de liv. p. à 1 m., au	10	Juin.	20	3 2/6	43	7
—	31	1,0?	"	Pour son mandat sur moi en faveur d'Albert, au . .	26		10	1 1/6	1	33
		22,78?							380	61
				Pour solde des intérêts réciproques					20	10
		2,378	10	Solde en sa faveur.						
		25,160	10						400	61

Le solde du présent compte est de deux mille trois cent soixante-dix-huit francs dix centimes.

Paris, le 30 juin 1856.

Cette manière de calculer l'intérêt d'une somme à 6 p. 0/0 consiste à prendre le sixième du trois chiffres dont on supprime le dernier quand la somme est ronde; s'il y a des décimales, on

Après avoir porté dans la dernière colonne, au débit et au crédit, les intérêts respectifs de total sur l'autre, et on la met sous le plus faible, pour faire balance; on reporte ensuite cette Pour intérêts en ma faveur ou en sa faveur, on fait l'addition de ce côté et de l'autre, on tire la faveur; et, chaque total étant ainsi rendu égal à celui auquel il correspond, le compte est arrêté.

(1) Jours où on a passé écriture des articles. (2) Valeurs reçues ou fournies. (3) Échéances ou la clôture du compte. (4) Sixième du nombre de jours. (5) Intérêt, résultat de la multiplication du

d'une grande utilité dans certains cas; le tableau E en nous ci-après, un autre tableau, comprenant l'intérêt et 10 pour cent par au pour un capital de 1 franc à

Modèle **E.**

PORTANT INTÉRÈT.

l'autre pendant un certain temps, avec un intérêt réciproque dont le taux est ordinairement de recette ou du payement jusqu'à celui où le compte est arrêté nous donnons ici le modèle est l'une des plus simples et des plus usitées.

6 p. 0/0 l'un, chez A. BALZAC, à Paris, arrêté le 30 juin 185 .   AVOIR.

(1) 18..		(2) fr.	c.		(3)		(4)	(5)	(6) fr.	c.
Févr.	4	3,000	"	Pour ma traite sur lui, oBrognon, au	1	Mars.	121	20 1/6	60	50
—	25	2,730	"	Pour sa facture de porcelaines et cristaux payable au. .	5	Avril.	86	14 2/6	39	13
Mars.	10	5,900	"	Montant de sa remise sur Elbeuf, au.	31	Mars.	91	15 1/6	89	48
—	23	12,000	"	Reçu pour s/compte de M. Bonadel, notaire, le. . .	20	—	102	17	204	"
Mai.	8	500	"	Pour trois c. d'oranges qu'il m'a achetées et expédiées le. .	2	Mai.	59	9 5/6	5	—
Juin.	15	1,000	"	Pour sa remise sur M. Bouet de Paris, à ce jour. . . .	15	Juin.	15	2 3/6	2	5
—	—	20	10	Pour intérêts en sa faveur.						
		25,150	10						400	61

sauf erreur ou omission.

A. BALZAC.

nombre de jours, et à multiplier la somme par ce sixième, en séparant, sur la droite du produit, retranche cinq chiffres, et on en supprime trois. toutes les sommes, on additionne des deux côtés cette colonne, puis on prend la différence d'un différence dans la colonne des sommes et à l'avantage de celui qui doit en jouir, avec ces mots : différence, qu'on ajoute au total le moins fort, avec ces mots : Pour solde en ma faveur ou en sa

époques d'où partent les intérêts. (4) Nombre de jours compris entre chaque échéance et la date de sixième par la somme.

Modèle F.

Intérêts et Escomptes à 50 c. et 1 p. 0/0 par An.

CAPITAL PRÊTÉ.	INTÉRÊTS A 50 C. P. 0/0						INTÉRÊTS A 1 P. 0/0					
	JOUR.		MOIS.		AN.		JOUR.		MOIS.		AN.	
fr.	fr.	c.	fr	c.	fr.	c.	fr.	c.	fr.	c.	fr.	c.
1	»	»	»	»	»	»	»	»	»	»	»	01
2	»	»	»	»	»	01	»	»	»	»	»	02
3	»	»	»	»	»	01	»	»	»	»	»	03
4	»	»	»	»	»	02	»	»	»	»	»	04
5	»	»	»	»	»	02	»	»	»	»	»	05
6	»	»	»	»	»	03	»	»	»	»	»	06
7	»	»	»	»	»	03	»	»	»	»	»	07
8	»	»	»	»	»	04	»	»	»	»	»	08
9	»	»	»	»	»	04	»	»	»	»	»	09
10	»	»	»	»	»	05	»	»	»	»	»	10
20	»	»	»	»	»	10	»	»	»	»	»	20
30	»	»	»	01	»	15	»	»	»	01	»	30
40	»	»	»	01	»	20	»	»	»	02	»	40
50	»	»	»	02	»	25	»	»	»	03	»	50
60	»	»	»	02	»	30	»	»	»	04	»	60
70	»	»	»	02	»	35	»	»	»	05	»	70
80	»	»	»	03	»	40	»	»	»	05	»	80
90	»	»	»	03	»	45	»	»	»	07	»	90
100	»	»	»	04	»	50	»	»	»	08	1	»
200	»	»	»	08	1	»	»	»	»	16	2	»
300	»	»	»	12	1	50	»	»	»	25	3	»
400	»	»	»	16	2	»	»	01	»	33	4	»
500	»	»	»	20	2	50	»	01	»	41	5	»

Intérêts et Escomptes à 50 c. et 1 p. 0|0 par An.

CAPITAL PRÊTÉ.	INTÉRÊTS A 50 C. P. 0/0 PAR			INTÉRÊTS A 1 P. 0/0 PAR		
	JOUR.	MOIS.	AN.	JOUR.	MOIS.	AN.
fr.	fr. c.	fr. c.	fr. c.	fr. c.	fr. c.	fr. c.
600	» »	» 25	3 »	» 01	» 50	6 »
700	» »	» 29	3 50	» 01	» 58	7 »
800	» 01	» 33	4 »	» 02	» 66	8 »
900	» 01	» 37	4 50	» 02	» 73	9 »
1000	» 01	» 41	5 »	» 02	» 83	10 »
2000	» 02	» 83	10 »	» 03	1 66	20 »
3000	» 04	1 25	15 »	» 08	2 50	30 »
4000	» 04	1 66	20 »	» 11	3 33	40 »
5000	» 06	2 08	25 »	» 13	4 16	50 »
6000	» 08	2 50	30 »	» 16	5 »	60 »
7000	» 09	2 91	35 »	» 19	5 83	70 »
8000	» 11	3 33	40 »	» 22	6 66	80 »
9000	» 12	3 75	45 »	» 25	7 50	90 »
10000	» 13	4 16	50 »	» 27	8 33	100 »
20000	» 27	8 33	100 »	» 35	16 66	200 »
30000	» 41	12 50	150 »	» 83	25 »	300 »
40000	» 55	16 66	200 »	1 11	33 33	400 »
50000	» 69	20 83	250 »	1 38	41 66	500 »
60000	» 83	25 »	300 »	1 66	50 »	600 »
70000	» 96	29 16	350 »	1 94	58 33	700 »
80000	1 11	33 33	400 »	2 22	66 66	800 »
90000	1 25	37 50	450 »	2 50	75 »	900 »
100000	1 38	41 66	500 »	2 76	83 32	1000 »

Modèle F.

Intérêts et Escomptes à 2 et à 3 p. 0|0 par An.

CAPITAL PRÊTÉ.	INTÉRÊTS A 2 P. 0/0 PAR						INTÉRÊTS A 3 P. 0/0 PAR					
	JOUR.		MOIS.		AN.		JOUR.		MOIS.		AN.	
fr.	fr.	c.	fr.	c.	fr.	c.	fr.	c.	fr.	c.	fr.	c.
1	»	»	»	»	»	02	»	»	»	»	»	03
2	»	»	»	»	»	04	»	»	»	»	»	06
3	»	»	»	»	»	06	»	»	»	»	»	09
4	»	»	»	»	»	08	»	»	»	01	»	12
5	»	»	»	»	»	10	»	»	»	01	»	15
6	»	»	»	01	»	12	»	»	»	01	»	18
7	»	»	»	01	»	14	»	»	»	01	»	21
8	»	»	»	01	»	16	»	»	»	02	»	24
9	»	»	»	01	»	18	»	»	»	02	»	27
10	»	»	»	01	»	20	»	»	»	02	»	30
20	»	»	»	03	»	40	»	»	»	05	»	60
30	»	»	»	05	»	60	»	»	»	07	»	90
40	»	»	»	06	»	80	»	»	»	10	1	20
50	»	»	»	08	1	»	»	»	»	12	1	50
60	»	»	»	10	1	20	»	»	»	15	1	80
70	»	»	»	11	1	40	»	»	»	17	2	10
80	»	»	»	13	1	60	»	»	»	20	2	40
90	»	»	»	13	1	80	»	»	»	22	2	70
100	»	»	»	16	2	»	»	»	»	25	3	»
200	»	01	»	33	4	»	»	01	»	50	6	»
300	»	01	»	50	6	»	»	02	»	75	9	»
400	»	02	»	66	8	»	»	03	1	»	12	»
500	»	02	»	83	10	»	»	04	1	25	15	»

   Modèle F.

Intérêts et Escomptes à 2 et à 3 p. 0|0 par An.

CAPITAL PRÊTÉ.	INTÉRÊTS A 2 P. 0/0 PAR			INTÉRÊTS A 3 P. 0/0 PAR		
	JOUR.	MOIS.	AN.	JOUR.	MOIS.	AN.
fr.	fr. c.	fr. c.	fr. c.	fr. c.	fr. c.	fr. c.
600	» 3	1 »	12 »	» 05	1 50	18 »
700	» 3	1 16	14 »	» 05	1 75	21 »
800	» 04	1 33	16 »	» 06	2 »	24 »
900	» 05	1 50	18 »	» 07	2 25	27 »
1000	» 05	1 66	20 »	» 08	2 50	30 »
2000	» 11	3 33	40 »	» 16	5 »	60 »
3000	» 16	5 »	60 »	» 25	7 50	90 »
4000	» 22	6 66	80 »	» 33	10 »	120 »
5000	» 27	8 33	100 »	» 41	12 50	150 »
6000	» 33	10 »	120 »	» 50	15 »	180 »
7000	» 38	11 66	140 »	» 58	17 50	210 »
8000	» 44	13 33	160 »	» 66	20 »	240 »
9000	» 50	15 »	180 »	» 73	22 50	270 »
10000	» 55	16 66	200 »	» 83	25 »	300 »
20000	1 11	33 33	400 »	1 66	50 »	600 »
30000	1 66	50 »	600 »	2 50	75 »	900 »
40000	2 22	66 66	800 »	3 33	100 »	1200 »
50000	2 77	83 33	1000 »	4 16	125 »	1500 »
60000	3 33	100 »	1200 »	5 »	150 »	1800 »
70000	3 88	116 66	1400 »	5 83	175 »	2100 »
80000	4 44	133 33	1600 »	6 66	200 »	2400 »
90000	5 »	150 »	1800 »	7 50	225 »	2700 »
100000	5 55	166 66	2000 »	8 33	250 «	3000 »

Modèle F.

Intérêts et Escomptes à 4 et à 5 p. 0|0 par An.

CAPITAL PRÊTÉ.	INTÉRÊTS A 4 P. 0/0 PAR			INTÉRÊTS A 5 P. 0/0 PAR		
	JOUR.	MOIS.	AN.	JOUR.	MOIS.	AN.
fr.	fr. c.	fr. c.	fr. c.	fr. c.	fr. c.	fr. c.
1	» »	» »	» 04	» »	» »	» 05
2	» »	» »	» 08	» »	» »	» 10
3	» »	» 01	» 12	» »	» 01	» 15
4	» »	» 01	» 16	» »	» 01	» 20
5	» »	» 01	» 20	» »	» 02	» 25
6	» »	» 02	» 24	» »	» 02	» 30
7	» »	» 02	» 28	» »	» 02	» 35
8	» »	» 02	» 32	» »	» 03	» 40
9	» »	» 03	» 36	» »	» 03	» 45
10	» »	» 03	» 40	» »	» 04	» 50
20	» »	» 06	» 80	» »	» 08	1 »
30	» »	» 10	1 20	» »	» 12	1 50
40	» »	» 13	1 60	» »	» 16	2 »
50	» »	» 16	2 »	» »	» 20	2 50
60	» »	» 20	2 40	» »	» 25	3 »
70	» »	» 23	2 80	» »	» 29	3 50
80	» »	» 26	3 20	» 01	» 33	4 »
90	» 01	» 30	3 60	» 01	» 37	4 50
100	» 01	» 33	4 »	» 01	» 41	5 »
200	» 02	» 66	8 »	» 02	» 83	10 »
300	» 03	1 »	12 »	» 04	1 25	15 »
400	» 04	1 33	16 »	» 05	1 66	20 »
500	» 05	1 66	20 »	» 06	2 08	25 »

Modèle **F.**

Intérêts et Escomptes à 4 et à 5 p. 0|0 par An.

CAPITAL PRÊTÉ.	INTÉRÊTS A 4 P. 0/0						INTÉRÊTS A 5 P. 0/0					
	JOUR.		MOIS.		AN.		JOUR.		MOIS.		AN.	
fr.	fr.	c.	fr.	c.	fr.	c.	fr.	c.	fr.	c.	fr.	c.
600	»	06	2	»	24	»	»	08	2	50	30	»
700	»	07	2	33	28	»	»	09	2	91	35	»
800	»	08	2	66	32	»	»	11	3	33	40	»
900	»	10	3	»	36	»	»	12	3	75	45	»
1000	»	11	3	33	40	»	»	13	4	16	50	»
2000	»	22	6	66	80	»	»	27	8	33	100	»
3000	»	33	10	»	120	»	»	41	12	50	150	»
4000	»	44	13	33	160	»	»	55	16	16	200	»
5000	»	55	16	66	200	»	»	69	20	33	250	»
6000	»	66	20	»	240	»	»	84	25	»	300	»
7000	»	77	23	33	280	»	»	97	29	16	350	»
8000	»	83	26	66	320	»	1	11	33	33	400	»
9000	1	»	30	»	360	»	1	25	37	50	450	»
10000	1	11	33	33	400	»	1	38	41	16	500	»
20000	2	22	66	66	800	»	2	77	83	33	1000	»
30000	3	33	100	»	1200	»	4	16	125	»	1500	»
40000	4	44	133	33	1600	»	5	55	166	66	2000	»
50000	5	55	166	66	2000	»	6	94	208	33	2500	»
60000	6	66	200	»	2400	»	8	33	250	»	3000	»
70000	7	77	233	33	2800	»	9	72	291	66	3500	»
80000	8	88	266	66	3200	»	11	11	333	33	4000	»
90000	10	»	300	»	3600	»	12	50	375	»	4500	»
100000	11	11	333	33	4000	»	13	88	416	66	5000	»

Modèle **F.**

Intérêts et Escomptes à 6 et à 10 p. 0/0 par An.

CAPITAL PRÊTÉ	INTÉRÊTS A 6 P. 0/0 PAR						INTÉRÊTS A 10 P. 0/0 PAR					
	JOUR.		MOIS.		AN.		JOUR.		MOIS.		AN.	
fr.	fr.	c.	fr.	c.	fr.	c.	fr.	c.	fr.	c.	fr.	c.
1	»	»	»	»	»	06	»	»	»	»	»	10
2	»	»	»	01	»	12	»	»	»	01	»	20
3	»	»	»	01	»	18	»	»	»	02	»	30
4	»	»	»	02	»	24	»	»	»	03	»	40
5	»	»	»	02	»	30	»	»	»	04	»	50
6	»	»	»	03	»	36	»	»	»	05	»	60
7	»	»	»	03	»	42	»	»	»	05	»	70
8	»	»	»	04	»	48	»	»	»	06	»	80
9	»	»	»	04	»	54	»	»	»	07	»	90
10	»	»	»	05	»	60	»	»	»	08	1	»
20	»	»	»	10	1	20	»	»	»	16	2	»
30	»	»	»	15	1	80	»	»	»	25	3	»
40	»	»	»	20	2	40	»	01	»	33	4	»
50	»	»	»	25	3	»	»	01	»	41	5	»
60	»	01	»	30	3	60	»	01	»	50	6	»
70	»	01	»	35	4	20	»	01	»	58	7	»
80	»	01	»	40	4	80	»	02	»	66	8	»
90	»	01	»	45	5	40	»	02	»	75	9	»
100	»	01	»	50	6	»	»	02	»	83	10	»
200	»	03	1	»	12	»	»	05	1	66	20	»
300	»	05	1	50	18	»	»	08	2	50	30	»
400	»	06	2	»	24	»	»	11	3	33	40	»
500	»	08	2	50	30	»	»	13	4	16	50	»

Intérêts et Escomptes à 6 et à 10 p. 0/0 par An.

CAPITAL PRÊTÉ	INTÉRÊTS A 6 P. 0/0					INTÉRÊTS A 10 P. 0/0				
	JOUR.		MOIS.		AN.	JOUR.		MOIS.		AN.
fr.	fr.	c.	fr.	c.	fr. c.	fr.	c.	fr.	c.	fr. c.
600	»	10	3	»	36 »	»	16	5	»	60 »
700	»	11	3	50	42 »	»	19	5	83	70 »
800	»	13	4	»	48 »	»	22	6	66	80 »
900	»	15	4	50	54 »	»	25	7	50	90 »
1000	»	16	5	»	60 »	»	27	8	33	100 »
2000	»	33	10	»	120 »	»	55	16	66	200 »
3000	»	50	15	»	180 »	»	83	25	»	300 »
4000	»	66	20	»	240 »	1	11	33	33	400 »
5000	»	83	25	»	300 »	1	38	41	66	500 »
6000	1	»	30	»	360 »	1	66	50	»	600 »
7000	1	16	35	»	420 »	1	94	58	33	700 »
8000	1	33	40	»	480 »	2	22	66	66	800 »
9000	1	50	45	»	540 »	2	50	75	»	900 »
10000	1	66	50	»	600 »	2	77	83	33	1000 »
20000	3	33	100	»	1200 »	5	55	166	66	2000 »
30000	5	»	150	»	1800 »	8	83	250	»	3000 »
40000	6	66	200	»	2400 »	11	11	333	33	4000 »
50000	8	33	250	»	3000 »	13	88	416	66	5000 »
60000	10	»	300	»	3600 »	16	66	500	»	6000 »
70000	11	66	350	»	4200 »	19	44	583	23	7000 »
80000	13	33	400	»	4800 »	22	22	666	66	8000 »
90000	15	»	450	»	5400 »	25	»	750	»	9000 »
100000	16	66	500	»	6000 »	27	77	833	33	10000 »

JOURNAL

DATE		c.		SOMMES du JOURNAL		CAISSE DÉBIT		CAISSE CRÉDIT	
Mois	j.	p.		fr.	c.	fr.	c.	fr.	c.
18 janv.	1	1	Les suiv. à cap. fr. 46,500, mont. de m/actif			15,000	»		
			Caisse, pour numéraire, fr. . . . 45,000	46,500	»			»	
			Effets à rec. p. effets en portef. (n° 1) 1,500					»	
—	2		March. gén. à Delorme p. ach. d. ? d. bl. n.	7,500	»	»		»	
			Delorme à effets à payer p. m/effets s/o (n°1)	7,500	»	»			
—	5		Marchand. gén. à caisse pour 14 p. de vin.	1,540	»	»		1,540	»
—	7		Dumont à march. gén. p. 7 p. de drap bleu,	2,061	»	»		»	
			Effets à rec. à Dumont p. s/billet m/o (n°2),	2,061	»	»		»	
			Baillot à march. gén. p. 14 pièces de vin,	1,681	»	»		»	
			Caisse à Baillot pour son paiement, .	1,680	»	1,680	»	»	
			Eff. à r. aux suiv. p. eff. Desmoyers p/Tanly						
			A caisse, payé, ... 2,437 50	2,500	»	»		2,437	50
			A profits et pertes, p. escompte 62 50						
—	8	2	Wagner à caisse, compté à titre de prêt,	1,200	»	»		1,200	»
			March. gén. à Salmon, pour 23 p. de vin,	2,532	»	»		»	
			Salmon aux suivants :						
			A caisse pour comptant, . . . 1,260	2,532	»	»		1,260	»
—	9		A eff. à payer, p. m/bil. à s/o (n°3), 1,266	1,380	»	»		»	
			Baillot à marchand. gén. pour 12 p. de vin,	1,380	»	»		»	
—	10		Eff. à rec. à Baillot, p. s/billet, m/o (n°4),	1,380	»	»		»	
—	11		Marchand. gén. à Fournier, pour 8 p. drap,	4,200	»	»		»	
			Fournier, aux suivants :						
			A caisse, pour comptant, fr. . . 600	4,200	»	»		600	»
			A eff. à rec. ev. p. eff. Leroy (n° 1) 1,600						
			A eff. à payer, p. m/b. s/o (n°3), 2,100						
—	13	3	Caisse à marchand. gén. pour 6 p. de vin,	726	»	726	»	»	
—	14		Desmoyers à march. gén. p. 5 p. drap noir,	2,010	»	»		»	
—	15		Caisse à marchand. gén. pour 8 p. drap noir,	1,716	75	1,716	75	»	
			Caisse à Wagner, p. ce que je lui avais prêté,	1,200	»	1,200	»	»	
—	16		Les suiv. à eff. à rec. p. eff. Dumont (n°2),						
			Caisse pour comptant, . . 2,016 59	2,061	»	2,016	59	»	
			Profits et pertes, p. prêt sur l'esc. 44 41						
				101,927 75		53,239 34		7,043 50	
			RESTE : Actif	58,571 84				46,195 84	
			Passif	67,526	»				
						53,239 34		53,239 34	
			PROFITS . . .						
			PERTE . . .						
			PROFIT NET . . .						

GRAND-LIVRE.

Modèle **G.**

MARCH. GÉNÉR. DÉBIT	MARCH. GÉNÉR. CRÉDIT	EF. à REC. DÉB.	EF. à REC. CRÉD.	EF. à PAYER DÉBIT	EF. à PAYER CRÉD.	DIVERS DÉBIT	DIVERS CRÉD.	PROF. et PERT. DÉBIT	PROF. et PERT. CRÉDIT
fr. c.	fr. c.	fr.	fr.	fr.	fr.	fr.	fr.	fr. c.	fr. c.
»	»	1,500	»	»	»	»	45,300	»	»
7,500 »	»	»	»	»	»	7,500	»	»
1,540 »	»	»	»	»	»	»	»	»
»	2,061	2,061	»	»	»	»	2,061	»	»
»	1,680	»	»	»	»	1,680	»	»	»
»	»	»	»	»	»	»	»	»	62 5
2,532 »	»	»	»	»	»	»	1,200	»	»
»	»	»	»	»	1,266	2,532	»	»	»
»	1,380	»	»	»	»	»	1,380	»	»
4,200 »	»	»	»	1,600	2,100	4,200	»	»	»
»	726	»	»	»	»	»	»	»	»
»	2,010	»	»	»	»	2,010	»	»	»
»	1,716 75	»	»	»	»	»	1,200	»	»
»	»	»	2,061	»	»	»	»	44 41	»
15,832 »	16,412 75	3,561	1,561	»	10,926	21,162	84,024	44 41	62 5
»	5,547 »	»	3,781	»	11,926	»	6,340	»	»
15,512 »	10,059 75	3,561	3,781	11,926	10,926	70,062	70,062	44 41	62 5
1,127 75								»	1,127 7
10,959 75	10,959 75							44 41	1,106 5
									44 41
									1,115 8

QUATRIÈME PARTIE.

NOTIONS GÉNÉRALES.

Nous croyons devoir donner ici en appendice quelques notions, non-seulement utiles à ceux qui ignorent, mais encore indispensables à ceux qui savent; ces notions compléteront, pour ainsi dire, la partie pratique qui précède.

BARÊME OU COMPTES FAITS

POUR SAVOIR CE QU'ON A A DÉPENSER OU A PAYER PAR JOUR

A RAISON DE SON REVENU OU LOYER ET PAR AN.

Par an		par jour
7 francs font par jour		2 centimes.
15 fr.	. . . . . .	4 c.
25 fr.	. . . . . .	7 c.
50 fr.	. . . . . .	14 c.
100 fr.	. . . . . .	27 c.
200 fr.	. . . . . .	54 c.
300 fr.	. . . . . .	82 c.
400 fr.	. . . . . .	1 fr. 9 c.
500 fr.	. . . . . .	1 fr. 30 c.
600 fr.	. . . . . .	1 fr. 64 c.
700 fr.	. . . . . .	1 fr. 91 c.
800 fr.	. . . . . .	2 fr. 19 c.
900 fr.	. . . . . .	2 fr. 46 c.
1,000 fr.	. . . . . .	2 fr. 73 c.
2,000 fr.	. . . . . .	5 fr. 47 c.
3,000 fr.	. . . . . .	8 fr. 21 c.
4,000 fr.	. . . . . .	10 fr. 95 c.
5,000 fr.	. . . . . .	13 fr. 9 c.
6,000 fr.	. . . . . .	16 fr. 41 c.
7,000 fr.	. . . . . .	19 fr. 17 c.
8,000 fr.	. . . . . .	21 fr. 91 c.
9,000 fr.	. . . . . .	24 fr. 75 c.
10,000 fr.	. . . . . .	27 fr. 39 c.
12,000 fr.	. . . . . .	32 fr. 87 c.
14,000 fr.	. . . . . .	39 fr. 35 c.
15,000 fr.	. . . . . .	41 fr. 9 c.
16,000 fr.	. . . . . .	43 fr. 83 c.
28,000 fr.	. . . . . .	54 fr. 79 c.
30,000 fr.	. . . . . .	82 fr. 19 c.
40,000 fr.	. . . . . .	109 fr. 58 c.
60,000 fr.	. . . . . .	164 fr. 38 c.
100,000 fr.	. . . . . .	273 fr. 97 c.

COMPTES FAITS.

Si 1 kilogra coûte.	5 hecto-grammes coûteront	2 hect. coûteront	1 hecto-gramme coûtera	5 déca-grammes coûteront
sous. fr. c.	fr. c.	fr. c.	fr. c.	fr. c.
10 ou » 50	» 25	» 10	» 05	» 02 1/2
11 — » 55	» 27 1/2	» 11	» 05 1/2	» 02 3/4
12 — » 60	» 30	» 12	» 06	» 03
13 — » 65	» 32 1/2	» 13	» 06 1/2	» 03 1/4
14 — » 70	» 35	» 14	» 07	» 03 1/2
15 — » 75	» 37 1/2	» 15	» 07 1/2	» 03 3/4
16 — » 80	» 40	» 16	» 08	» 04
17 — » 85	» 42 1/2	» 17	» 08 1/2	» 04 1/4
18 — » 90	» 45	» 18	» 09	» 04 1/2
19 — » 95	» 47 1/2	» 19	» 09 1/2	» 04 3/4
20 — 1 »	» 50	» 20	» 10	» 05
21 — 1 05	» 52 1/2	» 21	» 10 1/2	» 05 1/4
22 — 1 10	» 55	» 22	» 11	» 05 1/2
23 — 1 15	» 57 1/2	» 23	» 11 1/2	» 05 3/4
24 — 1 20	» 60	» 24	» 12	» 06
25 — 1 25	» 62 1/2	» 25	» 12 1/2	» 06 1/4
26 — 1 30	» 65	» 26	» 13	» 06 1/2
27 — 1 35	» 67 1/2	» 27	» 13 1/2	» 06 3/4
28 — 1 40	» 70	» 28	» 14	» 07
29 — 1 45	» 72 1/2	» 29	» 14 1/2	» 07 1/4
30 — 1 50	» 75	» 30	» 15	» 07 1/2
31 — 1 55	» 77 1/2	» 31	» 15 1/2	» 07 3/4
32 — 1 60	» 80	» 32	» 16	» 08
33 — 1 65	» 82 1/2	» 33	» 16 1/2	» 08 1/4
34 — 1 70	» 85	» 34	» 17	» 08 1/2
35 — 1 75	» 87 1/2	» 35	» 17 1/2	» 08 3/4
36 — 1 80	» 90	» 36	» 18	» 09
37 — 1 85	» 92 1/2	» 37	» 18 1/2	» 09 1/4
38 — 1 90	» 95	» 38	» 19	» 09 1/2
39 — 1 95	» 97 1/2	» 39	» 19 1/2	» 09 3/4
40 — 2 »	1 »	» 40	» 20	» 10

Les comptes faits pour le kilogramme et ses divisions qui précèdent, pourront servir aussi pour le litre et ses divisions, pour le mètre et ses divisions, et pour le poids de cuivre de 100 grammes, considéré comme unité. Il faut remarquer seulement :

1° Que le compte fait pour un kilogramme sert aussi pour un litre, pour un mètre et pour le poids de 100 grammes ;

2° Que celui pour 5 hectogrammes ou un demi-kilogramme sert aussi pour demi-litre, pour 50 centimètres et pour le poids de 50 grammes ;

3° Que celui pour 2 hectogrammes sert aussi pour le double décilitre, pour 20 centimètres et pour le poids de 20 grammes ;

4° Que celui pour un hectogramme sert aussi pour le décilitre, pour 10 centimètres et pour le poids de 10 grammes ;

Et 5° que celui pour 5 décagrammes sert aussi pour le demi-décilitre, pour 5 centimètres et pour le poids de 5 grammes.

PRIX COMPARATIF DE L'AUNE ET DU MÈTRE.

QUAND L'AUNE vaut		LE MÈTRE vaut		QUAND L'AUNE vaut		LE MÈTRE vaut		QUAND L'AUNE vaut		LE MÈTRE vaut	
fr.	c.	fr.	c.	fr.	c.	fr.	c.	fr.	c.	fr.	c.
»	50	»	42	2	»	1	67	4	»	3	33
»	55	»	46	2	05	1	71	4	10	3	42
»	60	»	50	2	10	1	75	4	20	3	50
»	65	»	54	2	15	1	79	4	30	3	58
»	70	»	58	2	20	1	83	4	40	3	67
»	75	»	63	2	25	1	88	4	50	3	75
»	80	»	67	2	30	1	92	4	60	3	83
»	85	»	71	2	35	1	96	4	70	3	92
»	90	»	75	2	40	2	»	4	80	4	»
»	95	»	79	2	45	2	04	4	90	4	08
1	»	»	83	2	50	2	08	5	»	4	17
1	05	»	88	2	55	2	13	5	25	4	38
1	10	»	92	2	60	2	17	5	50	4	58
1	15	»	96	2	65	2	21	5	75	4	79
1	20	1	»	2	70	2	23	6	»	5	»
1	25	1	04	2	75	2	29	6	25	5	21
1	30	1	08	2	80	2	33	6	50	5	42
1	35	1	13	2	85	2	33	6	75	5	63
1	40	1	17	2	90	2	42	7	»	5	83
1	45	1	21	2	95	2	46	7	25	6	04
1	50	1	25	3	»	2	50	7	50	6	25
1	55	1	29	3	10	2	58	7	75	6	46
1	60	1	33	3	20	2	67	8	»	6	67
1	65	1	38	3	30	2	75	8	25	6	88
1	70	1	42	3	40	2	83	8	50	7	08
1	75	1	46	3	50	2	92	8	75	7	29
1	80	1	50	3	60	3	»	9	»	7	50
1	85	1	54	3	70	3	08	9	25	7	71
1	90	1	58	3	80	3	17	9	50	7	92
1	95	1	63	3	90	3	25	9	75	8	13

Ainsi on voit par ce tableau que si, par exemple, une aune d'étoffe valait
1 fr. 10 c., le mètre vaudrait 92 c., que si une aune valait 5 fr., le mètre
vaudrait 4 fr. 17 c., etc.

MESURES DE DISTANCES.

Le plus simple travail suffira pour traduire *approximati-
vement* la lieue de poste en mesure nouvelle.

La lieue de poste est de   4 kilomètres ou 4,000 mètres.
La demi-lieue de   2 kilomètres ou 2,000 mètres.
Le quart de lieue de   1 kilomètre ou 1,000 mètres.
2 lieues 1/2 valent 1 myriamètre.
10 myriamètres valent 25 lieues.
Le myriamètre vaut 10.000 mètres ou 2 lieues 1/2.
Il se divise en 10 kilomètres.
Le kilomètre en 10 hectomètres.
L'hectomètre en 10 décamètres.
Le myriamètre représente donc   10,000 mètres.
Le kilomètre   1,000
L'hectomètre   100
Le décamètre   10
Le mètre   1

*Toutes les mesures de distances des nations étrangères sont
basées sur la lieue de poste (2,000 toises), ou 12,000 pieds,
ou 4 kilomètres.*

Le mille d'Allemagne est de 4,000 toises, 2 lieues de
poste, 8 kilomètres.

Une poste d'Allemagne est de 2 milles, ou 8,000 toises,
4 lieues de poste, 1 myriamètre 6 kilomètres.

Le mille d'Italie est de 1,000 toises, 1/2 lieue de poste,
2 kilomètres.

Une poste d'Italie est de 2,000 toises, 1 lieue de poste, 4
kilomètres.

Le mille anglais est de 326 toises, ou 1 kilomètre 6 hectomètres 9 mètres, ou 1,600 mètres.

POIDS ET MESURES

Les géomètres ont divisé en quarante millions de parties égales un cercle qui ferait le tour entier de la terre, en passant par les deux pôles : c'est ce qu'on appelle un *méridien*. Le quart de ce cercle est donc dix millions de parties égales, et l'on a reconnu que chacune de ces parties égales forme une longueur de 3 pieds 11 lignes ; c'est cette longueur que l'on a adoptée pour déterminer celle d'une mesure invariable, qui s'appelle *mètre*.

On a divisé le mètre en dix parties égales, appelées décimètres ; chaque décimètre a été divisé en dix parties égales, appelées centimètres ; enfin chaque centimètre est divisé en dix parties, appelées millimètres. Le mètre entier se trouve divisé en parties égales.

Toutes les mesures sont dérivées du mètre.

MESURES LINÉAIRES ET DE SUPERFICIE.

Le Mètre, qui remplace :
L'Aune, servant à mesurer les étoffes ;
La Toise, le Pied, le Pouce et la Ligne, servant à fixer la taille des hommes et à mesurer les travaux de menuiserie et de maçonnerie.

MESURES DE SOLIDITÉ POUR LES BOIS.

Le Stère, qui remplace :
La Corde et la Voie.

MESURES AGRAIRES.

L'Are, qui remplace :
L'Arpent et la Perche, servant à mesurer les terrains.

MESURES DE CAPACITÉ.

Le Litre, qui remplace :
Le Muid, le Setier, le Boisseau, servant à mesurer les grains et les matières sèches.

POIDS.

Le Gramme, qui remplace :
La Livre, l'Once, le Gros, le Grain.

Mais les poids et mesures que nous venons de désigner ne pouvant toujours rendre exactement par eux-mêmes une longueur, une contenance ou une quantité, on les rendit de dix en dix fois plus forts en faisant précéder chacune des désignations unitaires que nous venons de citer, des prénoms :

Déca, qui veut dire Dix.
Hecto, — Cent.
Kilo, — Mille.
Myria, — Dix mille.

Ainsi, le Myriamètre vaut dix mille mètres, et il en est de même pour Myriare, Myrialitre et Myriagramme.

Pour indiquer les quantités au-dessous de l'unité, on a fait précéder les mêmes désignations des prénoms suivants, qui la rendent de dix en dix fois plus faible :

Déci, qui veut dire *Dixième*.
Centi,　　—　　*Centième.*
Milli,　　—　　*Millième.*

Ainsi, le *Centigramme* est la *centième partie* du *Gramme*, et il en est de même pour *Centimètre*, *Centiare* et *Centilitre*.

Par le nouveau système des poids et mesures, l'addition, la soustraction et la multiplication se font de la même manière que si les nombres ne contenaient que des entiers; il faut seulement avoir soin, en plaçant les nombres les uns sous les autres, de maintenir l'ordre des colonnes; les entiers et leurs fractions qui peuvent résulter de l'addition ou de la multiplication, ceux qui restent de la soustraction, se rangent tout naturellement à la place qui leur convient.

Les tableaux qui suivent n'indiquant les quantités que jusqu'au nombre 10 (à moins d'urgence), nous allons donner des exemples qui serviront en même temps de modèle pour augmenter ou diminuer les nombres.

EXEMPLES POUR L'ADDITION.

On veut savoir combien 67 aunes 1/8 font de mètres.

	Mètres.	Décim.	Centim.
10 aunes donnent	12	»	»
10 —	12	»	»
10 —	12	»	»
10 —	12	»	»
10 —	12	»	»
10 —	12	»	»
7 —	8	4	»
1/8ᵉ donne	»	1	5
Total. . . .	80	5	5

0.

On pourrait arriver au même résultat en s'y prenant de la manière suivante :

6 aunes multipliées par 10 donnent 60 aunes. Si on multiplie aussi par 10 ce que les six aunes donnent en mètres, on a le produit de 60 aunes.

	Mètres.	Décim.	Centim.
Donc, si on a 7 mètres 2 décimètres pour 3 aunes, pour 60 aunes on aura	72	»	»
On ajoutera pour 7 aunes,	8	4	»
Et pour 1/8 d'aune,	»	1	5
Total.	80	5	5

On s'y prendra toujours de la même manière pour les additions, soit que l'on ait à réunir des poids ou des mesures.

EXEMPLE DE LA SOUSTRACTION.

	Hectares.	Ares.	Cent.
On a acheté 8 arpents de 100 perches, à 22 pieds par perche (voir au mot ARPENT de 100 perches de 22 pieds), ou	4	10	96
On a vendu 3 arpents, ou	1	54	11
Il reste	2	56	85

	Kilog.	Hect.	Déc.	Gram.
On a acheté un tonneau de cassonnade pesant 784 livres ou	392	»	»	»
Mais sur ce poids brut on veut diminuer celui du tonneau, qui est 34 livres 14 onces, ou	17	4	3	7
Il reste	374	5	6	3

Pour multiplier par 10, il suffit de poser un zéro après le dernier chiffre ; ainsi,

Le nombre	10		Le nombre	20
Multiplié par	10		Multiplié par	10
Donne	100		Donne	200

Pour muliplier tout autre nombre, il faut placer les chif-fres comme on le faisait autrefois ; mais il est plus facile d'obtenir un résultat, car l'on n'a plus qu'à poser les chiffres tels qu'ils se présentent.

On a 5 mètres 308 millimètres d'un ouvrage quelconque à payer ou à recevoir, à raison de 3 fr. 45 c. le mètre.

Multiplicande	5.308
Multiplicateur	3,45
	26540
	21232
	15924
Produit	18,31,260

Le nombre multiplié ayant 3 décimales (3 décimètres 0 centimètres 84 millimètres), et celui qui sert à multiplier ayant aussi 2 décimales (45 centimètres), on mettra une vir-gule entre le cinquième et le sixième chiffre de l'addition, en commençant par la droite : les deux chiffres qui reste-ront à gauche seront des francs ; les deux qui viendront

après seront des centimes; et, comme ceux qui suivent sont
des millièmes de centimes, on les supprimera, ce qui don-
nera pour resultat de l'opération 18 fr. 31 c.

Règle générale. Toutes les fois que les nombres unitaires
sont suivis de fractions de l'unité, il faut séparer du produit
par une virgule, autant de chiffres, en commençant par la
droite, que les deux nombres (multiplicande et multiplica-
teur) contiennent de décimales ; ceux qui resteront à gauche
représenteront des unités. Si les décimales comprennent plus
de deux chiffres, il faut, comme nous l'indiquons plus haut,
supprimer ceux qui sont à leur droite. Mais si le premier
des trois chiffres supprimés est un 6, un 7, un 8 ou un 9, il
faut forcer d'un le chiffre qui le précède ; ainsi, l'on aurait
un résultat de 74 mètres 35754, on dirait 74 mètres 36 centimètres.

TABLE

Révolution dans la comptabilité ou comptabilité de l'avenir, par Beauchéry. 1 vol. in-8. . . . . 3 fr. 50

Manuel du Comptable (Administration). Ouvrage insdispensable pour les Employés Comptables des Administrations publiques et privées, Intendants, Ordonnateurs, Trésoriers, Payeurs, Contrôleurs, Inspecteurs, et en général, pour tous les préposés qui ont des décomptes au personnel à dresser ou à examiner, par Péridiez. 4e édition . . . . 3 fr.

Tenue des Livres, nouveau système, au moyen duquel tout commerçant peut, aussi souvent qu'il le désire, connaître instantanément sa situation commerciale sans faire d'inventaire; opérations de bourse, etc., par Milton. 1 vol. in-8. . . . . . 2 fr.

La Tenue des Livres en partie Simple et en partie Double, mise à la portée de tout le monde, comprenant des modèles de lettres de commerce, billets à ordre, lettres de change, traites, bordereaux, comptes courants et de tous les actes commerciaux, depuis la quittance jusqu'aux actes de société. Système métrique et ses rapports avec les anciens poids et mesures. Tableau d'escompte et d'intérêts de 1 à 100,000 fr. etc., suivie du Précis de législation commerciale, usuelle, par C. Prévostini, professeur de tenue de livres et de comptabilité. 1 vol. . . . . . . 1 fr.

Le prompt Compteur des Intérêts. . . . . . 25 c.

Tarif pour le cubage des bois. 1 vol. in-12. . . . . 1 fr.

Tables décimales, ou Comptes résolus. 1 fort volume in-8, prix . . . . 4 fr.

Traité du Capitaliste, Tableau synoptique d'escomptes et d'intérêts pour toutes les sommes, tous les taux, etc. . 25 c.

Table polyophélique, ou nouvelle méthode pour résoudre

instantanément tous les calculs usités en affaires, reconnue comme un progrès dans la science des nombres, par Martin de V. 50 c.

Manuel d'Horlogerie pratique, mise à la portée de tout le monde, renfermant les éléments de cet art, la Construction et la

Réparation des Montres et des Pendules, ainsi que la manière d'établir les Tableaux mécaniques et automates, et l'art de tracer une Méridienne, pouvant servir à régler les Montres. 1 vol. orné de 8 planches. 2 fr.

Le Mécanicien-Constructeur de Machines à vapeur, ouvrage utile aux Constructeurs, Inventeurs, Ouvriers mécaniciens, Fumistes, Industriels, Dessinateurs, etc., par P.-Ch. Joubert, auteur de plusieurs ouvrages scientifiques. . . . . . 1 fr.

L'Art de préparer les plantes marines et d'eau douce, pour les conserver dans les Collections d'histoire naturelle, et en former des Albumos pour leur étude. In-12. . . . . . 1 fr.

Traité de Taxidermie, ou l'Art, de mégir, de parcheminer, d'empailler, de monter les peaux de tous les animaux, de prendre, préparer et conserver les papillons et autres insectes, précédé des procédés Gannal. 4e édition. . . . . 1 fr.

Croisement de la race chevaline, par J. Klein. 1 vol. in-8 . . . . 1 fr.

L'art vétérinaire mis à la portée des cultivateurs. 2 volumes in-18 . . . . 2 fr.

La cuisine hygiénique, confortable et économique, à l'usage de toutes les classes de la société : *La préparation c'est tout.* — 1 vol. gr. in-32 . . . . 1 fr.

Traité des substances alimentaires, leurs propriétés et leur influence sur la santé et la vie. — Alimentation propre aux enfants, aux adultes, aux vieillards; aux sanguins, bilieux, nerveux, affaiblis et réputés incurables. — Influence du café, thé, vin, bière, eau-de-vie, etc., et de toutes les autres boissons. 25 c.

Perfectionnement de l'espèce humaine : Beauté, force, santé, etc. 1 vol., par V. Maquel, docteur Médecin. . . 2 fr.

Éléments de Chimie. In-18. . . . . 1 fr.

Histoire des Embaumements et de la préparation des pièces d'anatomie normale, d'anatomie pathologique et d'histoire naturelle, suivie de Procédés nouveaux, par M. Gannal; 2ᵉ édit., revue et augmentée. 1 vol. in-8 . . . . 5 fr.

Le Trésor des recettes utiles et de Gastronomie. Un volume. . . . . 50 c.

Éléments d'Agriculture théorique et pratique. 3 volumes in-18 . . . . 3 fr.

Alphabet historique, pittoresque et moral, 1 vol. orné de 30 gravures, prix . . . . 50 c.

Manuel des devoirs des Demoiselles et Garçons d'honneur, dans la cérémonie des mariages, prix . . 50 c

---

BIBLIOTHÈQUE ARTISTIQUE.

Dictionnaire universel des Beaux-Arts, Architecture, Sculpture, Peinture, Dessin, Gravure, Poésie, Musique, etc., suivi d'un Dictionnaire d'Iconologie, Par M. Ch. de Bussy, 1 volume grand in-18 . . . . 1 fr. 50

Traité général des Peintures vitrifiables sur Porcelaine : Dure. — Tendre — Sur émail. — Genre Limousin. Miniature. — Fayence et sur verre, d'après les méthodes les plus perfectionnées, par Goupil. Un volume avec planches. . 2 fr.

Traité de Peintures à la Gouache appliqués à tous les genres. 1 vol. in-8, prix . . . . 1 fr.

Manuel général de l'Ornement decoratif, appliqué aux embellissements extérieurs et intérieurs, aux tentures, à l'ameublement, aux vases, au costume, à la composition des jardins, etc. 1 volume in-8, avec planches. . . . . 1 fr.

Le paysage traité à la portée de tous, avec 8 pl. d'étude graduées. . . . . **1 fr.**

Le dessin expliqué, mis à la portée de toutes les intelligences. 1 volume in-8, orné de 44 sujets d'étude. . . . . **1 fr.**

La perspective expérimentale, ou l'Ortographe des formes, à l'usage des amateurs et des artistes peintres, sculpteurs et architectes. 1 volume in-8, avec planches. . . . . . . **1 fr.**

L'aquarelle et le lavis, par Goupil. 1 vol. in-8, avec planches. **1 fr.**

Le pastel simplifié et perfectionné, par Goupil. 1 volume in-8, avec planche . . . . **1 fr.**

La peinture à l'huile, suivi d'un TRAITÉ DE LA RESTAURATION DES TABLEAUX, par Goupil. 1 volume in-8. . . . . **1 fr.**

La miniature. 1 volume in-8, avec planches. . . . **1 fr.**

Manuel général de modelage EN BAS RELIEF ET EN RONDE-BOSSE, DE LA SCULPTURE ET DU MOULAGE, ouvrage orné de planches, augmenté d'un grand nombre de procédés nouveaux, utiles et agréables aux amateurs, par P. Goupil, professeur de dessin et élève d'Horace Vernet. . . . . **1 fr.**

La photographie pour tous apprise sans maître, 1 volume in-8 . . . . **1 fr.**

Guide du peintre-coloriste, comprenant le coloris des gravures lithographiées, vues sur verre, pour stéréoscopes ; du Daguerréotype et de la retouche de la Photographie à l'aquarelle et à l'huile. Par C. Lefebvre. 1 volume in-8. . . . . . . **1 fr.**

Géométrie et dessin linéaire familier, suivi du DESSIN D'APRÈS NATURE, SANS MAITRE, orné de 250 figures, par Goupil. 1 volume in-8. . . . . **2 fr.**

Photographie-ivoire, ou l'Art de faire des miniatures sans savoir ni peindre ni dessiner, par Pinot, 1 volume in-8. . **3 fr.**

Recueil d'anatomie portatif à l'usage des artistes, par H. Pauquet. 1 volume. . . . . **5 fr.**

Manuel artistique et industriel, contenant les Traités de dessin industriel, de morphographie, des ombres, hachures et estompes au fusain, avec 22 planches d'étude. . . . . . 1 fr.

Peinture orientale, ou l'Art de peindre sur papier mousseline, velours, bois, etc., et de décalquer sur verre; 3ᵉ édition, grand in-18. . . . . 75 c.

Cinq Manuels artistiques et industriels, mis à la portée de tout le monde, le premier volume contenant : les Vérités

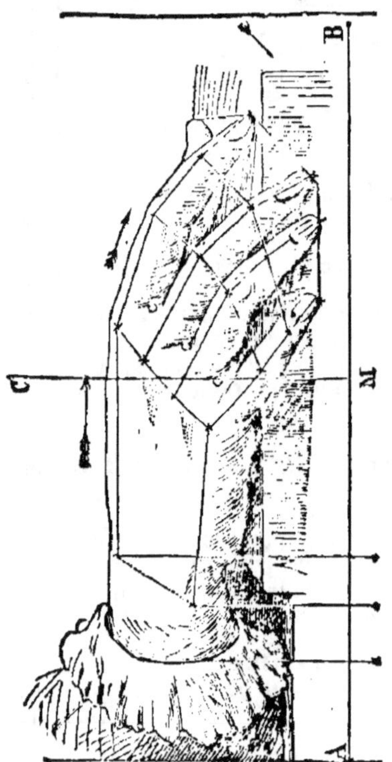

artistiques. — L'art. — L'écriture et le dessin. — Manière d'étudier. — Langage artistique. — Simplification du langage géométrique. — Règles générales. — Curiosités et merveilles. — Connaissance fondamentale. — Dessin sans instruments, etc. — Dessin d'après la bosse. — Modelages. — Formes plastiques. — Moyens d'étudier la perspective. — Du paysage. — Récréations artistiques. — Le polémoscope. — Les objets miroitants. — De la couleur, du ton. — Couleurs de la lumière sidérale. — Couleurs symboliques. — Couleurs lapidaires. — Effet moral des couleurs: — Mosaïque en fleurs. — Pour faire une bonne aquarelle. — Gravures en couleur. — Peinture à la gouache. — Peinture à la fresque. — Peinture à la cire. — Rentoilage de peinture. — Peinture des stores. — Peinture sur porcelaine. — Peinture sur verre. — Imitation des laques de Chine, etc. — Dessin en cheveux. — Recettes artistiques. — Conseils aux artistes.

Les quatre autres volumes in-18 complètent une encyclopédie artistique variée : ils se vendent 1 fr. chaque, et 5 fr. les 5 volumes.

Traité de photographie, 1 fort volume in-8. . . 1 fr.

Histoire de la Statuaire antique, son origine, ses développements chez les différents peuples, chez les Assyriens, les Egyptiens, les Hébreux, les Troyens, les Grecs, les Perses, chez les Carthaginois, les Etrusques, les Romains, les Celtes ou anciens Gaulois. — Table alphabétique de tous les noms d'Auteurs anciens, Artistes, Personnages et Divinités, par Valfier. 1 volume grand in-18. . . . . 3 fr.

Peinture lithochromique, ou Imitation sur toile, et l'Art de donner aux objets dessinés au crayon, à l'estampe, aux lithographies, gravures, etc., l'apparence d'une jolie peinture à l'huile; suivie des Procédés pour peindre et décalquer sur le bois et les écrans, et d'obtenir, avec un petit nombre de couleurs, toutes espèces de nuances; 5e édition. . . . . 75 c.

Traité de perspective pratique et de Géométrie, par Thenot. 1 vol. in-18 avec planches . . . . 50 c.

Manuels des peintures à l'aquarelle, à la gouache, sur verre, etc. 1 vol. in-18 . . . . 50 c.

Manuel du Sculpteur, du Mouleur, etc. avec planches. 50 c.

Traité de la Natation, où l'art de nager est démontré avec la plus grande précision, suivi d'observations sur l'influence des bains sur la santé, avec planches . . . . 50 c.

Manuel du Savoir-Vivre, ou l'Art de se conduire selon les convenances et les usages du monde, dans toutes les circonstances de la vie et dans les diverses régions de la société. 1 joli vol. 1 fr.

Physiologie du Chant, par Stéphen de la Madeleine, ex-récitant de la chapelle royale et à la musique particulière du roi. 1 vol. gr. in-18. . . . . 1 fr.

Guide des Baigneurs aux Eaux, 1 vol. in-8, par Renaud. . . . . 50 c.

Histoire naturelle des Papillons, suivie de la manière de s'en emparer, de les conserver en collections inaltérables, et du Calendrier du Chasseur de Papillons, Chenilles et autres Insectes. 1 vol. in-8, orné de 16 planches, noir, 3 fr. — Colorié. . 5 fr.

Histoire naturelle des Papillons, ornée de 210 figures. 1 vol. format Charpentier. Prix en noir : 5 fr. — En coul. 9 fr.

Le Parfait Jardinier-Fruitier, Guide de l'amateur des arbres à fruits et des vergers. Suivi du Calendrier du Jardinier-Fruitier, par P. Ch. Joubert. 1 vol. avec planches . . . . 1 fr.

Le Parfait Pêcheur à la ligne, suivi d'un Traité de Pisciculture, des lois et ordonnances sur la pêche fluviale. 1 vol. avec planches. . . . . 80 c.

Bouquet de Pensées, par M. J. Poisle-Desgranges. 1 vol. in-18 sur papier riche, orné d'une vignette . . . . . 75 c.

Moisson des Fleurs du bien, chef-d'œuvre de littérature choisie. 1 vol. format Charpentier . . . . 1 fr.

La Vérité sur les Femmes et sur ceux qui s'en plaignent, 2ᵉ édition, avec portrait. . . . . 50 c.

Du Tabac, son histoire, sa culture, sa fabrication, son commerce, ses propriétés médicinales et toxiques, son influence sur l'homme, moyens d'en user selon son tempérament, d'en retirer la plus grande somme de bien-être et de jouissance, et d'éviter les maux qui résultent de son abus, par le docteur G.-A. Henrieck. 1 vol. format Charpentier . . . . 1 fr. 50 c.

Plus de fraude! Les Falsificateurs dévoilés, ou l'Art de reconnaître, par des procédés simples, infaillibles, et sans le secours de la chimie, les altérations et les falsifications de toutes les *substances alimentaires*, solides et liquides, et de les rétablir dans leur état primitif. 1 vol. . . . . 1 fr.

Le Parfait Chasseur de Gibier à plumes et à poils. 1 v. in-8 avec planches. . . . . 1 fr.

Le Parfait Jardinier-Maraîcher-Potager. 1 vol. 1 fr.

Le Parfait Jardinier-Fleuriste. 1 vol. orné de 34 pl. noires, 1 fr. — Coloriées. . . . . 1 fr. 40 c.

ENTOMOLOGIE POPULAIRE.

Le Chasseur de Papillons, chasse et conservation des insectes, suivi d'une nomenclature raisonnée des Insectes nuisibles et utiles; ouvrage indispensable aux Collectionneurs, aux Étudiants, aux Institutions, aux Agriculteurs, aux Horticulteurs et aux Gens du monde; 2e édition revue et augmentée. . . 50 c.

Le parfait langage des Fleurs, d'après les meilleurs auteurs anciens et modernes; de leurs propriétés, etc. 1 joli vol. illustré. Noir, 1 fr., col. . . . . 1 fr. 40

Flore médicinale, doses, préparations, etc., 48 jolies plantes. Noires, 80 c., coloriées. . . . . 1 f.

Manuel du Fleuriste, ou l'Art de faire les Fleurs en papier, orné de 12 planches. . . . . 75 c.

Le parfait Pêcheur à la ligne, suivi d'un traité de Pisciculture, des lois et ordonnances sur la pêche fluviale, un volume avec planches. . . . . 50 c.

Manuel de l'Oiseleur ou l'art de prendre, d'élever, d'instruire les animaux d'agrément, en volière, en cage ou en liberté, de les préserver et guérir de toutes maladies. Un volume illustré de 31 planches. . . . . 75 c.

Les Poules françaises et étrangères, de leur éducation et des moyens d'en doubler la production, ouvrage illustré de 27 belles pl., par Th. JOUBERT. . . . . 1 fr.

Paris. Typ. Gaittel, rue du Jardinet, 1.

TABLEAU DE MULTIPLICATION DE 2 A 16 FOIS 16.

	2	3	4	5	6	7	8	9	10	11	12	13	14	15	16
2	4														
3	6	9													
4	8	12	16												
5	10	15	20	25											
6	12	18	24	30	36										
7	14	21	28	35	42	49									
8	16	24	32	40	48	56	64								
9	18	27	36	45	54	63	72	81							
10	20	30	40	50	60	70	80	90	100						
11	22	33	44	55	66	77	88	99	110	121					
12	24	36	48	60	72	84	96	108	120	132	144				
13	26	39	52	65	78	91	104	117	130	143	156	169			
14	28	42	56	70	84	98	112	126	140	154	168	182	196		
15	30	45	60	75	90	105	120	135	150	165	180	195	210	225	
16	32	48	64	80	96	112	128	144	160	176	192	208	224	240	256

LAGNY. — IMPRIMERIE DE A. VARIGAULT.